Este libro está dedicado a mis hijos - Mikey, Kobe y Jojo.
Compartir es bueno.

 Copyright © 2022 Grow Grit Press LLC. Todos los derechos reservados. Ninguna parte de este libro puede ser reproducida en ninguna forma sin el permiso por escrito de la editorial. Por favor, envíe solicitudes de pedido al por mayor a growgritpress@gmail.com Impreso y encuadernado en los Estados Unidos. NinjaLifeHacks.tv
 Tapa blanda ISBN: 978-1-63731-458-6 Tapa dura ISBN: 978-1-63731-459-3

El Ninja de Compartir

Por Mary Nhin

Me gustan las cosas. Muchas cosas.

"¡Toca mis cosas y estás frita!" Le diría a mi hermana si subiera a mi cuarto.

"Ten cuidado con mis cosas", le decía a mi mamá cuando limpiaba mi cuarto. Incluso hice un cartel para la puerta de mi armario de juguetes, que decía... ¡Cosas de Ninja de Compartir! ¡¡PROHIBIDA LA ENTRADA!!

Yo era igual en la escuela. Si alguien pedía prestado un lápiz o un crayón, siempre decía...

En la cafetería, cuidaría mi lonchera como un perro con un hueso.

"Eres extraño", decía mi mejor amigo, el Ninja Humilde. Éramos muy unidos desde pequeños. A veces, el Ninja Humilde no sabía por qué seguíamos siendo amigos. Pero no era malo con todo. Solo era un poco egoísta cuando se trataba de mis cosas.

Una cosa que nos gustaba hacer juntos era caminar en el bosque en mi patio. Nos iríamos al amanecer con un picnic, y a veces caminaríamos un par de horas. Cuando encontrábamos el lugar adecuado, montábamos un campamento y pasábamos el día jugando. Era una gran aventura.

Después de empacar mis cosas, agarré mi mochila y me despedí de mis padres.

Mientras nos dirigíamos a nuestra aventura, era un hermoso y cálido día.

En muchos de nuestros viajes, seguimos un camino probado y confiable hacia un prado con un pequeño arroyo al lado. Era el lugar perfecto para un picnic, y pasamos muchos momentos felices allí, descansando bajo el sol y nadando en el agua fría y cristalina.

En la nueva ruta, fuimos explorando durante horas. Encontramos lagartijos e insectos que nunca habíamos visto antes.

Después de un rato, decidimos sentarnos a almorzar.

Al abrir mi mochila, empecé a sacar cosas que no reconocía. Entonces, me di cuenta de que accidentalmente había recogido la mochila equivocada al salir de casa.

Esta no es mi mochila. Es de mi hermano.

¿Qué pasó?

El Ninja Humilde sacó una lonchera, cogió dos de los cuatro sándwiches que había dentro y los puso en un plato frente a mí.

Empezamos a comer. A la mitad de su segundo sándwich, el Ninja Humilde metió la mano en su mochila por una bolsa de papitas fritas. Abriéndolas, hechó la mitad en mi plato.

El resto de la tarde, tuvimos un tiempo maravilloso – corriendo a través del prado, trepando árboles y jugando en un pequeño arroyo.

Esa noche, mientras me acostaba en la cama, pensé en la bondad de mi amigo.

Al día siguiente, invité al Ninja Humilde a jugar.

El lema del Ninja de Compartir

Compartir es genial y compartir es amable,
es uno de los mejores sentimientos que encontrarás.

No se necesita mucho para ir la milla extra,
y hará sonreír a los que te importan.

Así que, si ves a alguien que no tiene mucho.
Compartir es cuidar con un toque mágico.

El recordar compartir podría ser tu arma secreta contra el egoísmo.

¡Visita ninjalifehacks.tv para obtener imprimibles divertidos gratis!

@marynhin   @GrowGrit
#NinjaLifeHacks

Mary Nhin   Ninja Life Hacks

Ninja Life Hacks

@ninjalifehacks.tv